ME ENCANTAN LOS HOMBRES

ME ENCANTAN LOS HOMBRES

MARÍA ORTÍZ

Número de Control de la Biblioteca del Congreso de EE. UU.:   2016906734
ISBN: Tapa Dura   978-1-5065-1422-2
               Tapa Blanda   978-1-5065-1424-6
               Libro Electrónico   978-1-5065-1423-9

Información de la imprenta disponible en la última página.

Fecha de revisión: 12/05/2016

Para realizar pedidos de este libro, contacte con:
Palibrio
1663 Liberty Drive
Suite 200
Bloomington, IN 47403
Gratis desde EE. UU. al 877.407.5847
Gratis desde México al 01.800.288.2243
Gratis desde España al 900.866.949
Desde otro país al +1.812.671.9757
Fax: 01.812.355.1576
ventas@palibrio.com
714092

ÍNDICE

Hola, mi nombre es María.
Te agradezco de antemano el tomarte tu tiempo para leer esta obra.
Nos enfocaremos en los aspectos positivos de estos seres maravillosos
Llamados HOMBRES.
Dando gracias a Dios por ellos… así que, comencemos:

Hablaremos acerca de estos siete puntos:

1. De bebes a ancianos.
2. En el rol familiar.
3. En lo Profesional.
4. Con Adjetivos.
5. Los Artistas
6. Lo curioso
7. Los inolvidables.

"EL HOMBRE ES UN SER COMPLETO. UNA CREACIÓN MARAVILLOSA. TIENE EN SI TODO LO NECESARIO PARA GUIARNOS, APOYARNOS, AYUDAR CON SU EJEMPLO, SU COMPASIÓN, SU ENTREGA, SU TRABAJO, SU FUERZA, ESTÁN HECHOS DE UN MATERIAL RESISTENTE, QUE AGUANTA DE TODO Y DE UN ESPÍRITU QUE NO SE RINDE, HASTA EL ULTIMO DÍA DE SU VIDA."

DE BEBES A ANCIANOS

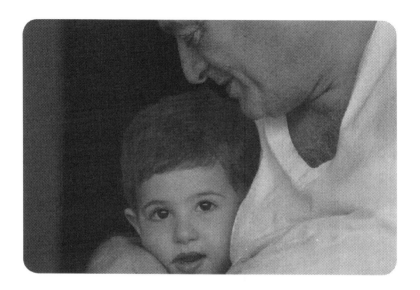

El bebé varón

Hay una diferencia en recibir a una nueva vida como hembra o varón. Ambos son bendiciones, y se agradece que estén sanos, como sucede en la mayoría de los casos. Pero es una gran felicidad cuando tu deseo ha sido cumplido y sí es varoncito.

De el bebe varón se esperan grandes cosas: Hereda el apellido, las esperanzas de la familia de seguir brillando a través de él. Se le infunde fuerza, porque claro es un hombrecito y ellos son Fuertes. Su anatomía y composición física se desarrolla más fuerte por naturaleza. Y en esta diferencia de tener pene o vagina hay toda la variedad de comportamiento. De pequeños no hay gran diferencia en cómo se comportan, ambos sexos son encantadores.

Desde sus primeras risitas, la forma como duermen, los sonidos que hacen, cómo reaccionan ante los baños o duchas, como tú le llames es un privilegio el poder disfrutar de estas nuevas vidas, no importa que no seas ni de la familia.

Cuantas veces no vemos bebes en cualquier lugar que sencillamente nos arrancan la sonrisa y nos sorprenden por ver todo lo que hacen a temprana edad, y piensa uno: "Yo también fui bebe."

Ya camina

Qué maravilla, empezó a dar sus primeros pasitos, ya pasó a la siguiente etapa, ahora cuídalo porque hará su sonidito especial para llamarte cuando no tenga de donde sostenerse, no se pueda parar o se haya caído por ir tan de prisa, como nos sigue pasando de adultos. Ay Dios, qué hermoso es el ser humano.

Ya corre y juega

Aquí es donde ya se notan los cambios en la personalidad de varón y hembra, el varón tal vez jugará con los carros y la hembrita abrazará sus muñecas, a la hora de las peleas, tal vez ella llore más porque a él se le dirá que es hombre y no debe de llorar tanto. Y luego nos quejamos porque no son expresivos y aparentar ser duros en situaciones de dolor, si lo traen de crianza. Así los hemos enseñado a ser.

Incluso las madres que nos podemos quejar de papá, de mis hermanos, la pareja o los hombres en general.

Cuando tenemos un bebe varón y lo escuchamos llorar le decimos que él es fuerte, que es un hombre y que ya ha pasado, y hacemos lo que podemos para que vuelva a sonreír, de ahí hermosas mujeres viene la capacidad de los hombres de superar las situaciones con mayor facilidad, mientras que nosotras seguimos llorando hasta que entendemos que hay que seguir adelante.

Ya va a la escuela

¿Quién recuerda su primer día de escuela? Algunos iban felices por ser su primer día, pero otros no se querían quedar, casi se los tuvieron que llevar a rastras gritando nooo o llamando a Mamá, Papá, la Nana o a la persona que los llevó ese día, pero salieron con otra carita y si les fue bien hasta con estrellita en la frente.

Así transcurre su niñez, de repente a los ocho o diez te dice: ya no quiero ir a la escuela, por favor, ¿Podría no ir hoy? Y tú dices: ¿te sientes enfermo?

El solo te explica que está cansado y por hoy solo se quiere quedar en casa, ahí sabes que tu hijo está creciendo, ya sabe tomar decisiones, tú le hablas: hay que cumplir con la responsabilidad, te divertirás, solo cuesta trabajo en lo que te bañas y te sentirás bien… y te dice: "por favor, no quiero ir hoy."

Le dejas descansar y sigue todo más o menos como lo esperas, pero llega la edad adolescente.

Aquí es un verdadero reto, porque se comporta agresivo, te cuestiona el cómo y el porqué de todo, quiere hacer su voluntad a costa de todo y tú dices: ¿A dónde se fue mi niño pequeño? Ese que era dulce, risueño, divertido, encantador y al que no le preocupaba su aspecto físico.

Se fue detrás de las chicas

Ahora se pasa horas frente al espejo, en la computadora o celular checando que está de moda, quiere manejar un auto para poder invitarlas a salir. Te preocupa si está listo para tener relaciones sexuales, aunque ya le hablaste del tema pero, ¿Te habrá tomado en serio? Y no será que tal vez llegue un nuevo bebe a la casa, si a este joven todavía no lo sientes listo para ser Papá.

¿Y qué tal las drogas? Las influencias de las amistades, la presión social de esta época y te vuelves detective usando toda tu creatividad para protegerlo y cuidarlo.

Con el favor de Dios lo salves y puedas ayudarle a convertirse en ese hombre responsable que es tan apreciado por todos.

Va a ser Papá

¿Qué? Que paso, pero si le dieron clase de sexualidad en la escuela, se le contestaron sus preguntas, busco en los medios de comunicación, por seguro que paso horas hablando del tema con sus amigos. ¿Sería que estaba tomado, estará listo para ser padre responsable?

Habrá algunos que sí, te sorprenderán que a una corta edad estén felices y acepten trabajar, hacer los cambios necesarios para cuidar a su nueva familia, tal vez hasta se muden a otra cuidad o país y no los vuelvas a ver pronto o sepas de ellos solo si necesitan ayuda o la relación sea difícil de sobrellevar.

Esta separación romperá tu corazón con un dolor inmenso, pues es tu hijo. Pero a medida que pasa el tiempo entenderás que tiene que vivir su propia vida, como en algún momento y tal vez más joven que él decidiste hacer la tuya y que te sentías capaz de hacerlo. Aún con todas las dificultades no esperadas habrá momentos en los que como tú, se sentirá feliz y no se cambiaría por nadie.

Y también habrá esos papás que correrán más rápido que los atletas, al enterarse de la noticia, ellos también necesitarán de nuestra comprensión y no se diga la futura mamá y su familia. Nos tocará apoyar y entender su situación haciéndoles entender que hay un para qué en todo lo que nos pasa y que a veces el aprendizaje implica aceptar ayuda de los generosos, todos esos hermosos seres que disfrutan en ayudar a otros con dinero, amistad, apoyo y oportunidades. Todos conocemos personas así y son famosos además.

En esta etapa creceremos todos, tendremos que enfocarnos, en nosotros, en ahora qué hago, que es lo mejor que puedo hacer en este momento, siempre veras un rayito de luz asomarse, será tu entendimiento que dirá:

Acepta el nuevo cambio y sigue adelante, podrás bendecir el bien contenido en esa situación, podrás decir: "Es por bien, bendigo el bien que contiene" como escribió Conny Méndez y veras el bien aparecer.

Así sea algo tan difícil como la muerte de un ser querido. No hubieses querido que vivieran en dolor, tu amor y compasión los habría dejado descansar, pues nuestra naturaleza es Amor.

Se convirtió en hombre responsable

Ya tiene un buen trabajo, le va bien, sigue adelante con su familia y ahora te llama feliz y agradecido por todas tus enseñanzas, hasta te ayuda económicamente, ahora sabes que ha valido la pena todo tu esfuerzo, tal vez no necesites de su dinero, pero el saber que es generoso, te hace sentir orgullo y satisfacción, más aún tal vez también ayuda a otros, ha desarrollado sus talentos y empiezas a verlo y escucharlo fuerte y capaz, **está alrededor de sus treinta** y se siente seguro, fuerte, es tan encantador que enamora a otras mujeres y ahí no sabe qué hacer. Sería tan fácil probar de todas y lo que podría perder, ¿será valiosa la familia, el respeto de los demás, los logros profesionales, le afectara en alguna área o tal vez será perdonado?

Por seguro que no es fácil ser hombre, sobre todo entendiendo que hay muchas mujeres bellas y encantadoras en todos los sentidos, inteligentes, seguras de sí mismas, talentosas y hasta sexys si se lo proponen. El hombre es influenciado por todo esto y sí, a veces falla, la mayoría de los divorcios y separaciones de pareja suceden alrededor de esta edad, porque ambos hombres y mujeres se sienten seguros de saber lo que quieren y necesitan, saben cómo conseguirlo y eso hace que haya conflictos en las parejas.

Todos en algún momento de nuestras vidas nos hemos sentido atraídos hacia alguien más que no es la pareja y es ahí en esa variedad de circunstancias que nos toca decidir y aprender de lo que vamos a hacer, algunas veces no podemos decidir y alguien más decide por nosotros. Aquí nos vienen cambios de vida y tendremos que hacer lo mejor que podamos de acuerdo a nuestra fuerza de voluntad y a la ayuda que nos permitamos recibir.

Tal vez nos toque criar hijos solos o simplemente estar aislados o solos por un tiempo o regresar a vivir con la familia, como sucede en muchos casos. Pero en algún tiempo cada uno toma las riendas de su vida y sigue.

Los hombres por lo general vuelven a tener relaciones en corto tiempo, nos cuesta más a las mujeres, por razones obvias, la mujer puede tener más hijos, más responsabilidades y existe el miedo de que si funcionará esta vez. Los hombres en cambio como son los que proponen se sienten más seguros y es bien sabido que toman decisiones más rápido que las mujeres.

Alrededor de los cuarenta

En esta etapa empiezan a salir las canas, más arrugas notorias, hay cambios en la piel y el cuerpo que afectan a la autoestima de los hombres, la pérdida de cabello, la rapidez con que ganan peso, la desventaja que sienten de ser menos atractivos comparados con los más jóvenes, las diferencias en la actividad sexual los hacen entrar en una lucha desesperada consigo mismos. Muchos buscan parejas alrededor de los veinte para sentirse que todavía son atractivos, las presumen como si fueran un trofeo, cambian su forma de vestir, muchos a esta edad buscarán hacer ejercicio, mantener una vida saludable y tal vez consigan verse mucho mejor que nunca, si son persistentes. Su apariencia física los ayudará a sobrellevar la depresión que provocan los cambios desfavorables. En esta edad recomiendo que si uno de ellos te pide ayuda, le ayudes a aceptarse y amarse tal como es, muy comúnmente se parecerá a sus padres o un miembro mayor de la familia, esto es totalmente normal. Todos de alguna forma lo esperamos solo que no sabemos que tanto y que tan pronto luciremos como ellos... Creo que es una especie de shock nervioso cuando te das cuenta, te dices a ti mismo; "me estoy poniendo viejo."

Habrá hombres que estén seguros de ellos y se acepten tal cual son, es mas no les afectara mucho sobre todo si están criando hijos adolescentes, siendo un reto para ellos y el resto de la familia, a esta edad también tendrán un mejor concepto de la mujer por ver todas las situaciones que atraviesa, no se diga el dolor de dar a luz a un hijo, las verá luchar y desarrollarse en todas las áreas, incluso en las labores que hace tiempo eran más para los hombres. Este entendimiento y respeto hacia ellas lo hará ubicarse en su lugar de hombre y ser el protector que fue enseñado a ser, su deseo de proteger y cuidar lo suyo lo hará enfocarse menos en él y más en sus prioridades, tal vez esté estudiando algo nuevo, un lenguaje, aprendiendo a tocar un instrumento, queriendo ganar una promoción en su área de trabajo, ser más espiritual o irse de vacaciones, disfrutar un poco más la vida, pues como ha visto, pasa muy de prisa.

Es muy probable que esté tratando de rehacer su vida, si es así hay muchas probabilidades de lograr los propósitos debido a la madurez adquirida y a los errores cometidos, si este es tu caso bendiciones.

Todos tenemos algo que siempre quisimos ser o hacer y por una razón u otra se nos fue olvidando o lo fuimos posponiendo por distintas razones, alrededor de los cuarenta muchas de las personas tienen un buen ingreso y pueden disfrutar de las oportunidades y si son inteligentes tal vez ni siquiera necesiten mucho esfuerzo o dinero para lograr un sueño. Todo está en como dice la canción de Diego Torres:

♪Saber que se puede, creer que se pueda, sacar nuestros miedos, tirarlos afuera.

Pintarse la cara color esperanza, tentar al futuro con el corazón…♫

Alrededor de los cincuenta

A esta edad puede haber menos o más responsabilidades en sus vidas, de acuerdo a sus decisiones, ya hay menos necesidad de verse atractivo físicamente, muchos hombres solo quieren disfrutar su vida porque se dan cuenta de personas de su edad con distintos malestares y enfermedades, si son conscientes tal vez querrán evitar todo eso y si no ya estarán lidiando con chequeos de próstata, colesterol alto, problemas de riñón, hígado, ataque al corazón, etc.

Esta es la edad de los abuelos también y a su vez muchos dicen adiós a sus padres, se encuentran entre las bienvenidas y las despedidas, lo que los hace bellos interiormente, se vuelven más compasivos y cariñosos, se toman la vida con más calma, pero con el gran deseo de que su experiencia ayude a otros, disfrutan de aconsejar y lo hacen aunque no se les pida consejo, su sabiduría los hace intuitivos y agradables.

Ya no es lo mismo para conseguir trabajo, ya que muchos tienen su propio negocio u ocupación que les permite sobrevivir o vivir muy bien según sus talentos y lo que les guste hacer. Todos somos buenos para algo y aunque ese algo en algún momento no resulte en compensación material nos ayuda de alguna forma, hay gente que es feliz haciendo felices a los demás y eso es altamente admirable.

Vi un escrito hace poco de Mario Moreno (Cantinflas) que decía:

"La primera obligación del hombre es ser feliz, la segunda es hacer feliz a los demás."

Alrededor de los sesenta

Las ganas de descansar y el desgaste físico y emocional hace que muchos quieran retirase, vivir de su pensión y de la ayuda de la familia, si es posible. Hay muchos hijos considerados que ayudan a sus padres no solo con dinero pero haciendo algo por ellos, como lavar su ropa, llevarlos a pasear, a la visita del doctor y lo que se ofrezca, tampoco tiene que ser de la familia para ayudar a las personas de la tercera edad. Aquí hay oportunidades para todos de ayudar, hasta ser pacientes si ya no escuchan bien.

Hay hombres que nos sorprenden con su abdomen plano, con sus esposas con cuerpo de tentación, con todo su dinero, los carros que manejan y el estilo de vida que llevan. Sin duda llaman la atención. Pero también está el hombre sencillo que se contenta con poco y tiene una cara de satisfacción y esa risa contagiosa que te da gusto compartir con ellos.

Son a su vez más sabios y muchos con sus facultades mentales funcionando de maravilla, tendrán muchas historias que contar y notarás su alegría cuando saben que les pones atención. Estos abuelitos pueden ser protectores todavía y representan el respeto de la familia, entendiéndose que van dejando su legado a través de los más jóvenes.

Empezamos a perder más de ellos por tantas razones, nos hacen llorar con su adiós, porque muchas veces no estábamos listos, se veían sanos y sucedió lo inesperado.

Alrededor de los setenta

Te contarán sus historias favoritas una y otra vez y aunque tu mente dice: ya me lo contó, tu corazón dirá:

Deja que se ría, ya ni dientes tiene.

Ah benditos abuelos, ya no sienten tan necesario bañarse o peinarse, es más ya no habrá mucho que peinar, los veras usando pelucas, sombreritos graciosos, boinas de todos tipos, perfumes con olor a madera, joyas antiguas y si les preguntas sobre ellas te darán historias interesantes, tal vez hasta sean de sus padres o abuelos. Hay los que sobreviven a mayor edad y nos siguen enseñando con su ejemplo. Todos conocemos a alguien.

Gracias a mi hijo Natanael

Por enseñarme lo que es un bebe varón, por todos los momentos que disfrute cuando era pequeño, enseñándole lo que se me ocurría, jugando con él y por la dicha de disfrutar de su amor. Por haber tenido que crecer rápido a sus siete añitos tratando de entender porque sus padres se separaron. Me dejó ver todo el dolor que sintió. Me miraba con tanta compasión que no podía más que llorar y abrazarlo.

Creció hasta sus trece entre una casa y otra, con una custodia compartida, después por decisión de su papá de irse a otro país se quedó conmigo. Solo para venir a enseñarme que es un ser amoroso, inteligente, compasivo, que sabe lo que quiere y no lo cambia por más, ni menos. Hasta que lo consigue. Sabe aguantar en las dificultades y es totalmente agradecido cuando se le ayuda o sorprende con algo que ha estado queriendo comprar. Todavía abraza igual que de niño y sigue llorando de emoción de ser tan amado.

Yo he sido muy exigente con él y hemos tenido conflictos muchas veces. Porque espero mucho y lo mejor. Y cuando él se siente presionado me pelea y me pone ejemplos de otros jóvenes. Y yo le digo: "ese no es mi hijo". Yo sé de qué estas hecho y como se te ha criado y espero mucho bueno de ti. Se te ha hecho y criado con mucho amor y eso exactamente espero de ti. Solo sonríe y me abraza de nuevo. Lo Amo.

ROL FAMILIAR

El primogénito

Quien ha tenido la bendición de ser el primer hijo de cualquier relación sabe que es la inmediata esperanza de mantener vivo el apellido, de ser heredero y administrador de los bienes, de cuidar de las mujeres y los más jóvenes a capa y espada, el primogénito por lo general será responsable debido a la presión y la necesidad de cuidar de los más pequeños. Suelen ser papás muy responsables en la edad adulta y se siguen sintiendo responsables de toda la familia, reaccionan molestos cuando un miembro de la familia es lastimado y quieren mover cielo y tierra para ayudarlo.

Si el primogénito tiene una personalidad fuerte será el líder de la familia después o en ausencia de los padres, se esperará mucho de él y las altas expectativas lo harán ser autoexigente consigo mismo.

Le gustará planear las vacaciones, tendrá consejos para la carrera a elegir, querrá evitarte dolores de cabeza y contratiempos que ya superó, pero claro, nadie escarmienta en cabeza ajena, para eso tiene uno la suya propia verdad. Como dijo mi Tía Ignacia.

El Sándwich

Es ese hijo entre el mayor y el pequeño. Este tendrá la presión de ambos y se verá influenciado por los dos siendo en algún momento como uno u otro. Entre más cantidad de hermanos haya habrá más variedad e influencia en los hermanos sándwich. Lo que encuentro beneficioso, debido a la cercanía de aprendizaje y siendo un núcleo familiar.

Queriendo ayudar a un sándwich diría que le ayudemos a trabajar en su autoestima, a dejarle hacer decisiones por si solo y a apoyarlo si no resulta beneficioso. (Esto no incluye dejarlo tomar vicios o cualquier cosa que lo pueda dañar, por supuesto que será cuidado). Cuando tenga la seguridad en sí mismo no necesitará parecerse a nadie.

El Hijo Pequeño

Este hijo normalmente es protegido y cuidado por todos en la familia. Creo también que tienden a ser guapos o atractivos debido a que se les dice mucho que lo son y por la razón de que siguen siendo el bebe de la familia y siempre se ven como bonitos por ser el más joven.

Este hijo como pareja tiende a ser juguetón, como si siguiera siendo niño. No siente la necesidad de controlar y hace que la relación sea llevadera. No sufre de necesidad de amor, ya que ha tenido mucho y buscará relaciones donde se sienta protegido y aceptado.

Gracias a mi hijo Alexander

Por ser mi hijo pequeño en este momento de la vida, por su constante compañía. Porque desde que él nació no me siento sola, por ser mi compañero de vida en este momento. Por hacerme una mejor persona porque sé que me necesita. Por todos los besos y abrazos cuando me ve llorar, porque su pequeño carácter sale a la luz y me dice que todo estará bien, que no me preocupe.

Podemos hablar todo el día de cuanto nos amamos, en ocasiones le pregunto si me puede dar un beso y él dice que sí, pero acerca su mejilla para que yo lo bese. Y cuando me da un no, le hago cosquillas y lo abrazo y le digo que está bien, que lo amo y que es muy guapo. Él es como un Ángel para mí en estos momentos de mi vida.

El Tío

Son esos hermanos de Mamá y Papá. Incluso los primos de ellos. Los tíos a veces nos tratan como si fueran nuestros padres y nos aconsejan con cariño. También nos sirven de ejemplo a seguir si nos agrada cómo se comportan o vemos un resultado que queremos para nosotros. Tienden a ser protectores, sobre todo si se les encarga la familia al morir el papá.

Mi hermano vino a visitar hace un par de meses y mientras estuvo en casa fue muy amoroso con mi hijo Alex. Le decía que su corte de cabello era muy bonito y que quería su pelo. Unas semanas después le dije a Alex que tío Emilio venía a nuestra casita y que necesitábamos ir a que le cortaran el pelo, acepto sin reclamos. Estaba feliz que viniera tío Emilio.

Otras veces había sido difícil convencerlo de subir a la silla, pasábamos apuros en conseguir que estuviera quieto y tranquilo mientras el peluquero trabajaba, esta vez estaba quieto. Al final del corte toco su pelo, sonrió y dio las gracias. Tomo mi mano y me dijo: estoy listo para tío Emilio.

El Primo

Es muy agradable compartir con los primos, porque se ven y se quieren como hermanos en muchos de los casos e incluso cuando no se tienen hermanos propios. Normalmente confiamos en ellos al menos que nos hayan fallado. También es una relación competitiva siendo beneficiosa si se quiere mejorar.

De niños los sentimos como nuestros mejores amigos, puede haber muchas peleas, pero cuando hay momentos de felicidad los abrazos son genuinos y los gritos de euforia son auténticos.

El Abuelo

Puede que sea el favorito de la familia. Gracias a su capacidad de dar y recibir amor. Los abuelos tienen mucho que enseñarnos y nos verán con compasión si nos equivocamos. Habrá veces en que querrán ayudarnos y otras en las que respetarán nuestras decisiones, sobre todo si se trata de algo en lo que a ellos no se les dejo elegir.

Los abuelos desearían haber comido más helados, porque de todas formas se les dañaron los dientes, desearían no haberse preocupado tanto, si hubiesen sabido que tendrían larga vida. Hubiesen bailado más, porque igual les duelen las rodillas, reído más, porque igual su piel es arrugadita.

Desean haber amado más, a sus amores ausentes y desean ayudarte a que tú seas un abuelo tan o más feliz que ellos.

El Tío Abuelo

Este nos ve con cariño, disfruta de nuestra compañía y nos compara con su familia para comprobar si su influencia es positiva. Y también comprobará a través de nosotros la herencia de nuestros padres y nuestro uso de ella. Querrá ayudarnos si le importamos o tal vez en algún momento necesite de nuestra ayuda.

Se sentirá raro si corres y lo abrazas con cariño, o buscas su consejo, se mostrará sorprendido. Pero su memoria y corazón guardarán esos momentos que pasan tan rápido, pero que son tan lindos.

EN LO PROFESIONAL

El Maestro

Es ese ser que ha estudiado y se ha preparado y entrenado a él mismo antes de poder enseñarnos. Nos causan admiración, sobre todo si en algún momento deseamos ser uno de ellos. Hay que tener paciencia para ser maestro, ya que muchas veces los estudiantes no quieren aprender o no están listos para recibir la enseñanza. Tal vez tenga que dar la misma lección muchas veces y se frustrará al ver que aún así hay personas a las que no les interesa ni pasar un examen. Es como si su trabajo careciera de importancia.

Pero cuando ve sus logros positivos sabe que ha valido la pena y sigue adelante. Estas personas no se cansan de enseñar. Leí hace poco la historia del maestro Buda y decía que cuando estaba a punto de morir reunió a sus discípulos informándoles que su hora había llegado y que si alguien tenía una pregunta la hiciera. Todos se sentían tristes y nadie se atrevió a preguntar, así que volvió a preguntar dos veces más, a lo que alguien preguntó: ¿por qué pregunta tres veces? y Buda respondió: "Porque a veces la mente no reacciona al primer llamado."

El Medico

Cualquiera que sea el área de curación este hombre tiene el don de sanar, la compasión para entender que muchas veces no nos cuidamos como debiéramos, para entender que en muchas ocasiones no se tienen los recursos y que las personas viven como pueden o sobreviven.

Casi todos hemos sido asistidos por un médico, incluso antes de nacer. Es una profesión muy bendecida si tú en algún momento quieres ser uno de ellos. Por seguro que no te faltara el trabajo, ni las oportunidades de salvar vidas con tu aprendizaje y estilo de vida. Y también podrás inspirar a otros a seguirte.

Yo sigo a un médico en una red social, también es conferencista y sus consejos me han ayudado mucho. Lo uso de guía cuando necesito una respuesta sana a lo que estoy viviendo y me sirven sus consejos porque se enfocan en el bien general.

El Abogado

Este hombre tiene la inteligencia para retener mucha información, puesto que las leyes siempre están cambiando. Desde su edad de estudiante está sujeto a muchos exámenes y tendrá que pasarlos todos al final para poder obtener su título, y ser registrado en la barra de abogados. Tiene su rama específica y deberá saber un poco de las otras para poder aconsejar a sus clientes y dar recomendaciones de colegas.

Para un abogado al pelear un caso pone en juego su credibilidad y capacidad de logro. Cuando hay un caso en el que hay un abogado oponente es como si fuera una pelea de boxeo. Incluso el llegar a tiempo a una reunión es importante. Es una persona muy autoexigente consigo misma, ya que sus logros le permitirán mejores ingresos, también el reconocimiento de sus colegas y la satisfacción de saber que lo ha hecho bien.

Hay abogados que se dedican también a defender los derechos humanos y toman la pelea como si defendieran a un miembro de la familia. Ellos conseguirán muchos logros y satisfacciones ya que su orientación es ayudar desde el principio. Bendiciones para ellos y gracias por su trabajo.

El Juez

Este hombre tiene la capacidad de decidir en muchos diferentes casos, tomando en cuenta todos los involucrados y toda la información provista. Nos enfocará en estar al punto y querrá respuestas bien definidas, sin lugar a dudas. Habrá ocasiones en que el caso tardara en resolverse y otras en las que tal vez se reabra, pero el seguirá trabajando de acuerdo a sus principios, sus ideales y aplicara su experiencia en cada situación.

Él es digno de admiración debido a la responsabilidad de decidir sobre asuntos de dinero, niños, cambios de residencia en adultos o privar de la libertad a las personas. Puede incluso influir en leyes que estén en proceso de aprobación y ayudar a que sigan adelante si son para beneficio de un gran número de personas.

El Policía

Este hombre es un ser humano más valiente que muchos, arriesga su vida muchas veces y es expuesto a circunstancias difíciles que a veces no puede sacar de su mente. Trabajo como mesera en un restaurante de desayunos y tenemos varios oficiales de policía como clientes.

Hace unos días conocí a Mike y hablábamos sobre el tema y me contaba que esa noche había tenido una pelea. Le pregunte si sentía miedo y me dijo que lo acompañaban dos más oficiales y que en el momento no sentía miedo. Lo sentía después cuando estaba fuera del trabajo y recordaba las armas y el peligro en el que estuvo. Le pregunte si podía dormir y si tenían algún tipo de terapia o si se apoyaba en la familia para superarlo, o prefería no hablar del trabajo para no afectarlos.

Me dijo que a veces no podía dormir, que tenía un compañero de vivienda que también era policía. Pero que se mantenían ocupados y preferían no hablar del trabajo porque te comía, según él. Dijo también que tenía a su papá y que podía hablar con el de cualquier situación. Y que sí, que tenían terapia e iban a checarse y podían descansar hasta estar listos para volver a trabajar.

Aunque yo sé que en ocasiones se viven injusticias con los policías también estoy consciente que son necesarios en muchas circunstancias y ponen orden en nuestras vidas y como dije al principio, nos estamos enfocando en los aspectos positivos.

El Bombero

Cuando pensamos en bombero se viene a la mente un hombre joven con una buena musculatura y atractivo. Gracias a los calendarios que han hecho los bomberos. Aunque en realidad los hay de todos tipos es bien sabido que son entrenados para tener una condición física y salvar vidas.

Mantienen en buena condición sus mangueras y el camión que deberá estar listo en caso de emergencia. La verdad es que hay que ser muy valiente para no tener miedo al fuego y salir en auxilio de las personas y animales en algunos casos. No perder tiempo ni al dirigirse a su misión y acostumbrarse al sonido de esa sirena cuando se está en la asignatura. Ha de ser agradable poder cambiar los semáforos a verde, aunque incluso tal vez lo hacen para ir a su descanso y comida. De todas formas, su profesión es necesaria para nuestra sociedad.

El Empresario

Este hombre tiene la capacidad de crear empresas, de dirigir a muchas personas, tiene la capacidad de delegar responsabilidades, es un líder con visión de dar oportunidad a muchos, de competir con los mejores y de no desanimarse cuando el proyecto no vaya como él espera. Su visión de triunfador lo hace buscar soluciones a todo lo que se le presenta. Tendrá sus prioridades también como la familia, pero siendo el jefe o dueño del negocio le dará la recompensa de tomarse el tiempo para lo que necesite. Quiere dejar herencia para los amados suyos y si tiene que cerrar o parar un proyecto se siente satisfecho de la experiencia adquirida y solo lo hará mejor al comenzar algo nuevo.

Les interesa su apariencia y la cuidan con buena ropa y en si todo lo que usan te dan la imagen de poder, los hay sencillos también que no quieren llamar la atención. Pero yo creo que es inteligente no solo ser, sino parecer lo que eres. Sobre todo si se buscan nuevas oportunidades.

El Administrador

A este hombre se le da la confianza del dinero, las decisiones y las personas que laboran en el negocio. También hay administradores en la familia. Incluso en las parejas se recomienda que lo haga quien sepa manejar mejor el dinero. Pero si la pareja es hombre y mujer, el hombre difícilmente aceptara que la mujer lo haga. Especialmente si es su dinero, el hombre fue entrenado para ser líder. Por esa razón la mujer debe cuidar sus palabras y darle la confianza de que las sugerencias son por el bien de la familia y no de ella solamente.

Volviendo al área laboral, este tipo de hombre es organizado, muy pensante puesto que tiene que tomar decisiones constantemente. Busca la forma de negociar y las palabras adecuadas para llevar la fiesta en paz, en lo posible.

Todos conocemos a alguien así y muchas veces causan envidia por la confianza que es depositada en ellos, pero bueno, muchas veces la merecen.

El Trabajador Social

Este hombre sabe que debe utilizar los servicios disponibles a favor de los demás, instruye a las personas para saber cómo aplicar y obtener beneficios. Está en medio de la necesidad y la abundancia lo que lo hace un ser compasivo y prudente a la vez. Su trabajo es tedioso ya que tiene que recibir y revisar muchos documentos, lidiando con muchas personas en un solo día.

Si hay una persona ocupada son ellos. Llevando fechas, haciendo llamadas, verificando información y trabajando con esa pila de folders, que están esperando a ser revisados. El agradecimiento de todos los beneficiados hace que en el momento que esta persona necesite algo haya quien lo ayude.

El Chef

Cuantos de nosotros no hemos tenido experiencias agradables con un Chef que incluso cocinaba mejor que nuestra abuelita, yo les admiro la capacidad de cocinar tan rápido, la forma como decoran los platos.

El machismo liberado de que sí, tiempo atrás eran las mujeres las encargadas de la cocina, ahora se ven muchos hombres y no se avergüenzan de eso. Lo ven como un trabajo digno gracias al reconocimiento que reciben, en mi trabajo se pueden ver y muchas veces cuando un cliente o invitado se despide, agradece al Chef y es agradable ver su sonrisa. A todos nos agrada ser reconocidos.

El Mesero y Cantinero

Aunque no suena a profesión, en ciudades turísticas como Las Vegas, la gente se prepara y toma clases para servir alcohol y se le entrena para dar el mejor servicio posible. Se necesita preparación y paciencia para lidiar con los turistas y con los locales también, por supuesto. La gente está acostumbrada al trato especial debido a que la mayoría tiene familia o amigos que se dedican al servicio.

Servir es una experiencia desgastante ya que se lidia con la energía y emociones de muchas personas a la vez. Existe mucha presión, las personas muchas veces son demandantes y no consideran, aunque vean un lugar muy ocupado. A veces llegaron en cantidad al mismo tiempo y la gente que sirve solo hace lo posible por no descuidar a nadie. No hay nada personal en contra de nadie, ni preferencia. Solo que hay personas con el ego muy grande que piensan que deberían ser atendidas antes de las demás.

Muchas veces son vistos como hambrientos de dinero, ya que reciben propinas. Pero en realidad en muchos de los casos su sueldo es el mínimo y no todas las personas dan propinas. Pero ellos saben que se compensan unas con otras.

Ellos tratan con personas de todos los niveles sociales y aunque en ocasiones son tratados como sirvientes, se les exige y demanda mucho estos hombres tienen la habilidad de controlar sus emociones, hasta sonreír y agradecer al final. Agradece que paguen la cuenta, aunque no dejen propina. Hay personas que se salen sin pagar y otras que no cubren la cuenta por completo y esto solo es un dolor de cabeza más en el día. Como las devoluciones de una comida hasta tres veces porque al invitado no le gusto, suena como si no es la gran cosa. Pero la comida se regala en muchas de las quejas, cuando se está ocupado es atraso porque distrae de las siguientes órdenes.

El Arquitecto

Este hombre tiene la capacidad de hacer realidad sueños, de hacer su plano con las medidas exactas y convertir este trabajo de pequeño a tan grande como sea requerido. Tiene la clara visión de creador entre más oportunidad tiene de hacer trabajos, aprende y practica con cada uno de ellos. Se emociona cuando pasa por un lugar y ve una creación ya terminada que sabe que él hizo y siente satisfacción por el tiempo invertido y todo lo que ha tenido que hacer para lograr lo que ahora puede ver en físico.

Son personas seguras de ellas gracias a que su trabajo es bien pagado. Pero también pueden ser generosos y regalarlo como regalo de bodas, me tocó verlo de cerca. Sin duda fue un regalo agradable y muy apreciado, no solo en el momento. Fue un bonito detalle que se sigue recordando gracias al servicio que ha dado a través de los años. Porque el proyecto fue construido poco a poco.

El Jardinero

Los veo muy seguido trabajando aquí en la propiedad donde vivo, muchos de ellos son mexicanos o hispanos. Es un trabajo humilde. Pero es que hay personas con la capacidad de ser sencillas. Estos hombres pueden revivir y cambiar de color prácticamente todo lo que tocan.

Tienen la paciencia de esperar por las flores, recoger las hojas y lidiar con el invierno, donde su trabajo no es muy necesario. Se mantienen ocupados mientras tanto en hacer lo que les gusta, como jugar fut-bol, bailar, disfrutan sus días libres y si tienen dinero ahorrado pueden pagar sus gastos con lo poco que vaya saliendo de trabajo y también son abiertos a hacer otros trabajos relacionados como concreto, limpieza de albercas, ayudarte a moverte y en si todo en lo que vean oportunidad de trabajo. Gracias a su condición humilde no les avergüenza el tipo de trabajo. Les avergüenza mas no tener dinero para lo necesario hasta para invitarte a comer. Son hombres sencillos pero te sorprenden cuando se arreglan. Pueden verse muy bien.

CON ADJETIVOS

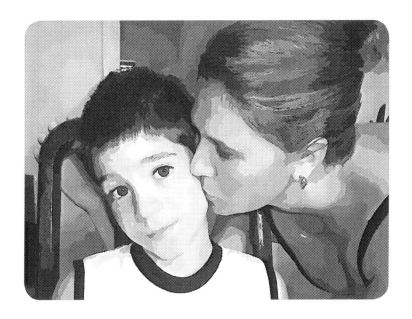

Muy probablemente mi sección favorita a escribir. Mientras que escribo en la mesa de mi cocina, mi hijo pequeño está al lado mío viendo una película del hombre araña y dándome de comer en la boca con su cuchara. Lo que lejos de distraerme me causa felicidad. Es lindo estar en compañía.

El Divertido

Este hombre encuentra la forma de pasarla bien en dondequiera que se encuentre. Una excompañera de trabajo me contó que a su hijo mayor era difícil disciplinarlo, ya que no importaba si lo castigaba o le quitaba algo que a él le gustaba mucho fuese juguete, video juego, televisión o cualquier cosa en lo que el mostraba estar contento. Él siempre encontraba la forma de divertirse aún ahí en su rincón. "Era difícil robarle su felicidad" decía ella. A lo que sonreímos las dos. Admiro a las personas que tienen la capacidad de divertirse en lugares aburridos, en el trabajo y en las situaciones de la vida donde muchas veces nos frustramos, como en las relaciones de pareja.

Este hombre divertido le pone humor y buena cara a lo que vive y eso lo hace alguien muy agradable a la hora de buscar compañía o amistad. Incluso son ejemplos a seguir en las enfermedades. Tienen habilidad para contar chistes y reírse con ellos, es más se ríen de ellos mismos.

El Positivo

Este hombre es sonriente, amable, compasivo. Da ánimos a quien los necesite, hace que no te sientas triste contándote otras historias más difíciles que la tuya. Incluso sus propias experiencias. Te da una y mil soluciones para tener una actitud positiva. Te ayuda a no tomarte las cosas tan a pecho.

Una de sus frases será que "lo mejor está por venir" y tú dices pues ojalá, Dios quiera y él te dice: anímate hombre, todo pasa. Después te vas a reír de esto. Por algo bueno son o no son las cosas. Te enseña a pedir y a estar abierto a recibir lo que pediste o algo mejor. Y te convence de que eres merecedor de ello. Y aunque seas cabeza dura encuentra la forma de hacerte sonreír.

El Guapo

Este hombre es causante de muchos suspiros durante toda su vida. Gracias a su físico, su forma de arreglarse, su higiene personal, esa sonrisa coqueta y ese olor agradable hacen que se vea como guapo. Hay hombres que no son tan guapos físicamente, pero su comportamiento lo hace muy agradable o son tan aseados y huelen tan rico que de alguna forma se perciben guapos.

Este hombre causa revuelo donde quiera que va, por lo general es alguien seguro de sí mismo, aunque siendo realistas hay muchos guapos. Cada uno tiene sus posibilidades de avance y por lo general sabe dónde puede lograr algo. Aunque hay algunos arrogantes que al escuchar que son guapos de alguien que no les interesa se comportan inalcanzables.

No creo que un comentario agradable de alguien vaya más lejos que el gusto personal o que tal vez ese día se veía bien toda su persona, o le recuerda a alguien conocido. Así que guapos, cuidado con sus reacciones, tal vez se pierdan la oportunidad de tratar personas agradables en alguna forma.

El Don Juan

Este hombre tiene una habilidad sorprendente para conquistar mujeres. Su espíritu aventurero lo hace aburrirse fácilmente de la conquista lograda y ve en una relación nueva un reto a cumplir. Este hombre no se intimida por ser bajito, ni moreno obscuro, puede ser barrigón, borracho, no bien educado pero el confía en sí mismo y en su habilidad de conquista que incluso es inspirador de otros, como los tímidos, a los que si en algún momento les interesa alguien tomaran los consejos del Don Juan.

Este hombre difícilmente se enamora, ya que constantemente esta distraído por lo que hay en el menú, que no se enfoca ni conecta por completo sentimentalmente con la pareja del momento. Le gusta tener sexo y de la única forma en que serás un poco más importante para él es si tienes un hijo suyo. Así si te recordara, pero será más por la relación sexual con la que se formó ese hijo. Este hombre disfruta mucho de la compañía mientras la tiene porque la vida que es sabia también y le enseña que hay más hombres disponibles y a veces pierde su mejor persona por exceso de seguridad.

Aunque esto pareciera ser algo negativo no lo es. Muchas veces pasamos momentos agradables y no duran por mucho tiempo. Y es en esa variedad de vivencias que tomamos lo más adecuado con nosotros mismos o nuestros intereses. Y si te has enamorado de un Don Juan, da gracias a Dios que es amor.

La Máquina Sexual

Este hombre disfruta mucho la relación sexual, gracias a su habilidad para realizarla. Sabe exactamente donde tocar, es muy activo y puede durar horas teniendo relación sexual sin cansarse, es más sonríe tanto que se nota que lo disfruta. Este tipo de hombre también suele ser muy fértil, muy fácil y rápido puede embarazarte, si eres mujer. Así que deberás cuidarte si no es tu deseo o está en tus planes futuros crear una nueva vida.

Este tipo de hombre revolucionará la idea que tenías en tu mente acerca de las relaciones sexuales, te hará analizar tus relaciones anteriores e inevitablemente compararás a tus amores viejos con él. Tu preferencia te ubicará donde quieres estar. Pero en el lugar que sea si lo ves positivo agradecerás la experiencia y ya no serás impresionado (a) fácilmente por otros compañeros. Sobre todo si no tienen buen desempeño en la cama y esta cualidad es importante tenderas a buscar a alguien más adecuado a ti. Todos venimos al mundo con diferentes talentos y la maquina sexual en hombre ha sido quien ha causado experiencias inimaginadas y nuevas vidas, en muchos casos.

El Comprensivo

Este tipo de hombre tiene la habilidad de ponerse en los zapatos de la otra persona, son muy buenos consejeros. Personalmente yo creo que todos sabemos a quién acudir en cada situación cuando necesitamos ayuda. Y muchos de los mejores consejos los he recibido de mis amigos hombres. Muchas veces te dicen lo que no quieres oír, pero te harán ver la situación de una forma diferente y a veces sencillamente te ayudara escucharlos.

Mi Padre murió cuando yo tenía dos años de edad, por eso no tuve experiencias de su educación o ejemplo que pueda recordar, solo las historias de mi Madre diciendo que era un buen hombre y la comida que le gustaba. Por eso aprecio mucho la comprensión y el cuidado que dan los hombres comprensivos. Son personas amorosas que encuentran agrado en ayudar a quien les solicita, pero inteligentes para no involucrarse si pueden resultar afectados. Debido a que son comprensivos con ellos mismos, pero saben que deberán cuidar lo suyo o si no también andarán buscando ayuda para recuperar lo importante para ellos.

Gracias a todos los hombres comprensivos que a veces cuando les cuentan o saben de alguna situación sus gestos o risa expresan tanto que no necesitan ni hablar para expresarse y darte a saber que te comprenden y tendrás que seguir adelante, valdrá la pena.

El inocente

Si has tenido la experiencia de conocer a un hombre inocente, lo vas a recordar aquí. Hay una bendición en la inocencia, es eso bonito que poseemos cuando somos niños. Hay hombres que han sido capaces de mantenerlo en una edad adulta de entre treinta y cuarenta, incluso hasta más.

El hombre inocente cree muchas veces cosas que no son verdad, su mente no piensa que se le puede estar diciendo algo con mala intensión o con deseo de dañarle, ni engañarle. Reacciona muchas veces como niño ante situaciones de la vida que podría hasta llegar a desesperarte.

Pero espera, no corras tan de prisa… la inocencia muchas veces nos salva de la maldad, porque el fin que se perseguía hacer muchas veces no se consigue. Incluso podría hasta tal vez beneficiarle en vez de dañarle.

Cuando hable con alguien querido y le explique alguna situación vivida puede ser que el ser querido lo convenza de que había mala intensión y se dé cuenta que era verdad por las consecuencias. Deseará entonces poner distancia, y aprenderá de lo sucedido.

Por ejemplo, si se le convence de robar, lo hace y fuera encarcelado, golpeado o dañado de algún modo, habría alguien quien lo salvara o beneficiara de algún modo. Porque lo hizo en inocencia, no en maldad.

Debemos pensar dos veces en querer dañar a alguien inocente. Son seres humanos valiosos y no quisiéramos pagar las consecuencias de robarle, maltratarle, burlarle o dejar de comprenderle. A veces hace falta ver a nuestros semejantes con ojos de amor y el inocente te hará ejercitar esa virtud.

El hombre Generoso

Este tipo de hombre dona sus talentos y dinero para el beneficio de otros. Recientemente mi hijo mayor conoció a un hombre que trabaja en bienes raíces. Le dijo el hombre que le gustaba su personalidad y que le veía futuro en esa rama. Mi hijo es joven y duda en confiar en él. El hombre sugirió que si lograba ser contratado por su jefe, él lo entrenaría por seis meses y le enseñaría todo lo que él ha aprendido. Dijo ser millonario a la edad de 30. Puede ser que se trate de alguien generoso.

Uno de mis maestros que sigo hizo un video reciente en donde habla de los llamados del alma a ayudar a otros. Confesó que hay una cajera en el banco al que asiste a la que ayuda con doscientos dólares cada vez que va. Porque sabe que su esposo está enfermo y ella tiene que sustentarlo a él y a sus hijos. También va a una lavandería donde lleva efectivo a una mujer con sobrepeso y su esposo está desempleado. Siente que ahora estas dos familias dependen de él en cierta forma. Dijo también que cuando sus hijos vienen de visita va a su banco y retira efectivo para ellos.

Le llamo deseos quemantes a la necesidad de ayudar a otros. Al sentido de la responsabilidad y el gusto que se siente aliviar las necesidades de otros. Sin duda un ejemplo a seguir.

Gracias al Señor Manny

Por haber cambiado mi vida al haberme elegido como esposa. Por dejarme convivir con su familia y poder conocer otro estilo de vida, diferente al de mi familia, con más carencias económicas, pero con más unidad familiar. Porque el quererlos ayudar me hizo tratar una y mil soluciones. Porque pude ser una buena influencia en sus vidas. Eso me hizo crecer como persona y me di cuenta que mis talentos eran apreciados y agradecidos.

Por haberme traído de México a Las Vegas. Me encanta esta ciudad… Por el cambio de vida y conciencia que eso trajo a mi vida. Aquí nació mi hijo Nate, cambiamos su vida también. Tuve que aprender inglés, tratar muchos trabajos diferentes, aprender de muchas culturas diferentes y el mensaje era el mismo: no darse por vencido y seguir avanzando.

Me apoyó y ayudó a aprender, sufría cuando me veía ponerme bonita para ir a trabajar y tener que verme desarreglada en casa. Me abrazaba cuando llegaba a casa, por un largo tiempo y me escuchaba hablar de cómo había ido mi día con paciencia, aunque estuviera muy cansado.

Gracias por haberme dejado ver todo lo difícil que era la vida a veces. Pero Dios siempre nos ayudaba y nos mandaba Ángeles como personas, para ayudarnos a solucionarlo todo. Como de milagro.

LOS ARTISTAS

El Escritor

Este hombre ha tenido la bendición de poder enseñar datos olvidados, nuevas enseñanzas, historias de todo tipo: educacional, recreativo, humorístico, informativo, social, critico. Por mencionar algunos. Nos cautivan con sus poemas y mucho más con sus canciones. Nos entretienen y hasta son capaces de curar corazones rotos, de hacernos reír, llorar y emocionarnos con lo que escriben. La tecnología ahora hace audiolibros, libros que se pueden comprar y guardar en las computadoras y todos estos dispositivos inteligentes que cada día nos sorprenden más y más y que se están volviendo necesarios y accesibles para la comunidad.

Las redes sociales promueven todo tipo de materiales y tenemos alcance a mucha información lo que nos prepara más para futuras experiencias, admiro el amor con el que muchos hombres escriben. La generosidad que tienen al compartir gratuitamente sus escrituras. Al deseo de que ayuden a una gran cantidad de personas ganado solo la satisfacción de servir. También se escriben obras teatrales, telenovelas, series, películas, documentales y tantas más creaciones que nos ayudan a lidiar con el estrés de la vida diaria, las preocupaciones y hasta que pueden hacer olvidar a las personas de sus enfermedades aunque solo sea por momentos.

El Músico

Es muy agradable disfrutar de la música. Hay tantos hombres a través de la historia que se han dedicado a ser músicos. Incluso es su forma de proveer bienestar. Muchas veces no duermen de noche debido a los eventos que más comúnmente son de noche y los que llegan a tener éxito viajan mucho. En algún momento sienten tristeza por sentir que abandonan a los que quieren, pero toda esa tristeza se expresa en amor a la hora de tocar ese o esos instrumentos que lo hacen vibrar. Lo disfruta tanto que en realidad el tiempo se va tan de prisa que a veces no se da cuenta hasta que tiene que terminar aunque quien escucha pide escuchar más.

La adrenalina es muy grande. Sobre todo si se trata de un público grande. E incluso con uno pequeño, una persona o para sí mismo encuentra satisfacción en lo que hace y sigue aprendiendo en cuanto más práctica lo aprendido. El talento es apreciado y recompensado muy generosamente en muchas ocasiones debido al bienestar que provoca. De esta forma este hombre también se ayuda a proveer una mejor experiencia de vida a las personas con las que tiene contacto.

La oportunidad de tocar viene con entretener y muchas veces viene acompañada con alcohol, drogas o sexo. Aquí hay una tremenda dificultad en mantener los valores, a la familia unida y a la integridad del hombre en sí, sobre todo si se tiene tendencia a disfrutar de estas prácticas. Hay que estar viviendo en amor aunque sea amor propio para poder resistir los excesos y mantener una vida sana.

El Cantante

Todos en algún momento de nuestra vida nos hemos sentido identificados con la música. La forma de expresión del cantante nos hace vibrar, reír, bailar, cantar y hay canciones que se quedan con nosotros como vivencias especiales. Como memorias que no se olvidan. Algunas veces nos recuerdan a alguien querido con quien disfrutábamos una determinada pieza. O describen la personalidad de alguien importante para nosotros.

Los cantantes tienen esa fuerza interior y creatividad que atrae a miles de personas a cualquier lugar que vayan. Son de los eventos más concurridos a menudo, sin quitar crédito a los deportes, por supuesto. Es como si tuvieran una magia para encantarnos. Muchos de nosotros tenemos cantantes favoritos que cada nuevo material nos atrae porque sencillamente nos agrada el cantante. Resuena con nuestra personalidad no importa incluso si cambia de género musical. Admiro a los cantantes que pueden ponernos la piel chinita con sus interpretaciones.

Los hay también que utilizan temas sociales para componer y vivencias propias, lo que hace que muchas personas se identifiquen con ellos y busquen más de sus creaciones. Recientemente conocí a un cantante de rap que está trabajando en su segundo cd. El primero se toca en la radio de su país, pero el material no se ha vendido, se ha regalado. Ahora trabaja en el segundo cd y utiliza la tecnología para enviar las canciones gratis y que las puedan escuchar gratis. Tal vez en algún momento pueda cobrar por su trabajo, ahora solo lo hace por el gusto de expresar lo que vive. En algún lugar se empieza, ¿no creen?

Hay muchos cantantes que siguen siendo exitosos a pesar de su edad avanzada, no dejan de trabajar. Tienen la habilidad de cuidar su salud y su voz y son capaces de seguir vigentes para nosotros. Dicen que morirán cantando. Ahí es cuando uno se da cuenta que aman ser artistas.

El Pintor

Este hombre ha aprendido a usar el color, la imaginación y la destreza para añadir color y detalles a una hoja en blanco, a una manta, a un anuncio de negocio, a una tienda, un baño, una casa, una mansión. Son tantas y tantas las oportunidades de desarrollo que estas personas tienen que se vuelven apasionados y se emocionan cada vez que aprenden una nueva técnica. Hay pintores que también tienen la habilidad de ser dibujantes.

Hay muchos famosos que han creado obras maravillosas y muy costosas. Cuadros antiguos que se exhiben en museos y galerías de arte donde hay compradores dispuestos a adquirirlas sin importar el precio. Picasso, Da Vinci, Monet, Van Gogh son ejemplos famosos.

Incluso los pintores sencillos, los que pintan para vivir, disfrutan traer su ropa usualmente blanca pintada de muchos otros colores. Eso los distingue como pintores. Alguien de mi familia era pintor de este tipo, pero su ropa no tenía colores, era tan limpio para trabajar que cuando llegaba a la casa que iba a pintar se sorprendían y le preguntaban si él era el pintor, que incluso se veía muy joven. Cuando terminaba el trabajo recibía propinas y muchas veces lo llamaban para hacer más trabajos de familiares y amigos, aprendió a hacer trabajos artísticos en paredes como cascadas, rocas, un sistema solar, la ilusión de que una mariposa salía de una pared quebrada y muchas más. Sus trabajos los vendía a través de fotos que organizo en una carpeta y que llevaba consigo cada vez que hacia un nuevo trabajo. Llegó a pintar en casa y realmente si era muy limpio. Cubría todas las áreas muy cuidadosamente para asegurar que no hubiera manchas en ningún otro lugar que no fuera el área de trabajo, cubría todo el piso y usaba protectores en sus zapatos para asegurar que no pisara una gota de pintura y manchara otro piso. También era muy rápido para trabajar y sus trabajos eran de buena calidad y limpios, eso agradaba mucho.

El Escultor

Este hombre moldea con sus manos todo lo que toca. Ya sea por gusto personal o proyecto en el que esté trabajando, dedica a su obra el tiempo necesario. No importa cuántas veces tenga que volverlo a hacer, a perfeccionar piezas y hacer todos los cambios necesarios hasta que la nueva creación está terminada.

Su ejemplo nos enseña a tratar diferentes materiales, formas y a usar la inventiva creadora en muchas diferentes creaciones que alguien hará suyas. Que no importa cuánto tiempo duren completas. Pero que se habrán creado para ser admiradas, queridas. Cada una con su propósito a cumplir, no importa cuánto tiempo duren. Igual que los seres humanos, somos creados del mismo modo. Gracias al creador.

El Bailarín

Este hombre tiene la capacidad de expresar sus sentimientos bailando. Tal vez ni siquiera necesite música para moverse, tiene una mente creativa que incluso dormido trabaja. Las ideas no paran de llegar y se vuelve mejor cada día. Ya sea que su baile sea acompañado en pareja, grupo, multitud o a solas.

Aunque tenga su especialidad o preferencia por algún ritmo o estilo, identifica los demás y es ético de cualquier bailarín saber los pasos básicos de los otros ritmos aunque no los use muy a menudo. Siempre hay alguien dispuesto a aprender con ellos, gracias a todos los beneficios de bailar: es un buen ejercicio para la sensualidad, la salud, para conquistar, enamorar, hacer la música o al cantante o la pieza verse mejor, con más significado. Es un buen complemento en la personalidad del hombre y tiene muchas ventajas el poder moverse con gracia.

Recomiendo altamente a los hombres que aprendan a bailar. Es algo que las mujeres apreciamos mucho. Nos gusta dejarnos llevar por ellos y seguirles el paso, disfrutamos de las sorpresas al movernos, sostenernos y darnos la seguridad de que no nos dejaran caer. Honestamente siento que es una ventaja saber bailar y que los hombres que lo hacen con gracia tienen más oportunidades de conquista que a los que no les interesa. Incluso se ha dicho que mejora el desempeño sexual. Una buena razón a considerar si te gustaría mejorar en moverte mejor a la hora de la acción. Se aprecia mucho en los bailarines que cuiden su cuerpo y la práctica del baile mejora la salud y apariencia física.

El Mago

Aunque ya no es muy común ver presentaciones de magos, la magia sigue siendo muy apreciada. Las creaciones de Disney, por ejemplo desde sus parques de atracciones hasta cada creación que ha sido hecha para ser vista en pantalla se siguen viendo por generaciones, la magia nos cautiva y atrae muchas veces queriendo encontrar el truco y otras solo nos provocan disfrutar de lo que vemos. La tecnología no deja de sorprendernos, ahora ya hay pantallas muy pequeñas y con mucha calidad, al igual que la magia que nos sigue entreteniendo y admirando. La destreza con que son realizados los espectáculos nos hace sentir como niños otra vez, nos hace ver imágenes de sueños y sin duda sonreír en muchas ocasiones.

Gracias a todos los magos modernos que no dejan de trabajar. Por enseñarnos que la magia está dentro de nosotros, que podemos usar la imaginación para crear lo que deseamos ver realizado en nuestra experiencia y mover de lugar lo que nos beneficia, salvar y ser salvados.

Y siendo romántica diría que el Amor es la magia que cura todos los males.

El Modelo

Los hombres se han abierto paso en todas las áreas, no es de extrañar que haya hombres que se interesen por ser modelos.

Tienen una autoestima muy alta y les gusta el arte y todo lo bello, les gusta apreciar los paisajes y la vida en color. Disfrutan de estar a solas y en silencio con ellos. Ya que en la quietud del espíritu la creatividad aparece y da forma a proyectos interesantes y experiencias mágicas, lo que apasiona a los modelos.

La magia de la tecnología hace que las creaciones tomen vida. Las fotos y expresiones de ellos son sencillamente hermosas. Sus cuerpos causan admiración y respeto.

LO CURIOSO

En esta sección narrare cosas curiosas que me han pasado con estos bellos hombres.

Lo más sexy

Lo más sexy que un hombre me ha hecho a mí. Era una noche lluviosa, mi novio había ido a recogerme de mi trabajo. El manejó a casa, hacía mucho frio y para completar llovía a cantaros, la música era agradable, su voz también, tenía ese toque sensual y masculino que usan ellos en la etapa de conquista.

El estacionó el carro y nos quedamos hablando, empezaron las caricias en la cara, los abrazos. Para no llamar la atención de los vecinos decidimos pasarnos al asiento de atrás. La temperatura comenzó a subir a pesar del frio, él ya quería tener intimidad conmigo. Yo pensaba que no era tiempo todavía.

El me provocaba queriendo apurarme y yo pasaba tremendo trabajo en seguir resistiendo, esta vez no fue la excepción. Tenía curiosidad de ver su cuerpo desnudo ya que se veía muy bien vestido. Así que pregunte: ¿"te puedes quitar la camisa"? no había yo terminado de preguntar cuando la jalo inmediatamente dejando ver un cuerpo de revista, muy bien formado y con esa piel morena que tanto me agrada. Su cabeza estaba rapada, sin duda no tenía un pelo de tonto. Me sorprendió la rapidez y seguridad con la que lo hizo, la mayoría de los hombres necesitan insistencia para hacerlo. Y la sonrisa que tenía al hacerlo es una expresión que no se me olvida.

Pasamos al siguiente paso, tiempo después. Sin duda esta experiencia me animo a aceptar.

El cuenta chistes

A este hombre le encantaba contar chistes, tenía una adicción por el teléfono también, un cuerpo de gimnasio y una adicción por las mujeres. Le gustaba traer buenos estéreos y sonido en su carro y aunque en dos ocasiones se los robaron volvía a comprar solo para verse bien y demostrar que ganaba un buen dinero. Le gustaba el fut-bol y la música regional mexicana, usaba unas camisas ajustadas a su cuerpo que dejaba ver un pecho muy bien formado, sus pantalones eran también ajustados y decía que a las mujeres les encantaba agarrar su trasero. Creo que eso le subía la autoestima.

Había veces que me llamaba por teléfono y yo no le contestaba y no se quedaba conforme, me marcaba privado, me fingía la voz preguntando por mí. Decía, ¿no te acuerdas de mí? Nos conocimos anoche. Yo decía ¿de verdad? Si no salí anoche. Okay Carlos ¿que necesitas?… Solo hablar contigo pero no me contestas. ¿Y cómo sabes que soy yo si hablo diferente? Le decía: porque a nadie más se le ocurre fingir la voz que a ti. La gente de buen humor sin duda es agradable y creativa.

En una ocasión me contó que había un compañero de trabajo que tenía un problema sexual y tenía miedo que su esposa lo dejara. Le pidió un consejo a él. Y mi amigo le dijo que le contara chistes que la haría feliz así. Y me dijo: ¿tú que piensas? Le dije: yo creo que es bueno que le cuente chistes sin duda la hará reír, pero no creo que funcione por mucho tiempo. La insatisfacción sexual no es un chiste y tu amigo debería de tratarse y salvar su matrimonio.

El de las piernas largas

El atractivo físico y las preferencias personales de cada persona al elegir pareja son completamente comprendidas y respetadas. Normalmente tendemos a elegir a personas que nos complementan o se parecen a nosotros de alguna forma. En otros casos es todo lo opuesto, la diferencia en el color de piel que veo muy a menudo en mi cultura, donde la mujer es más clara de piel, bajita que puede ser amable y otras veces muy fuerte de carácter lo que hace que se olvide su pequeñez física. También cuando se trata de hacer decisiones y cambios de vida.

Este fue mi caso en una de mis relaciones. Este señor tenía las piernas largas, pasaba apuros e incomodidades desde la hora de dormir, donde los pies se le salían de la cama y había que andar al pendiente de cobijárselos porque pasaba tremendo frio, sobre todo en la temporada de invierno.

Había lugares en los que vivíamos donde las paredes intermedias o las puertas de la casa no eran lo suficiente altas y se tenía que agachar. Pasaba tremendo trabajo en acomodarse en el carro a la hora que salíamos, tenía que mover el asiento y doblar una por una sus piernas para poder caber en el espacio, lo que se me hacía adorable cuando me recordaba de él con cariño. El verlo batallar tanto me hacía apreciar mi diferencia de no tener que lidiar con nada de eso

y por el otro lado lo veía como un gigante que
me protegía y pelearía por mí, si fuese necesario.
Tenía una personalidad imponente, un carácter
duro con los demás, pero suave conmigo. No se
podía resistir a mis caricias. Aunque estuviese
molesto.

Fue amor verdadero por algunos años, lo
comparaba con esa película de Hulk donde el
personaje se enojaba tanto que se ponía verde
de coraje crecía y se ponía tan fuerte que se le
destrozaba la ropa, podía pelear y quitar de su paso
todo lo que se le atravesaba o intentaba lastimarlo
y aparecía ella en el lugar de la batalla... Era una
mujer pequeña y hasta flaquita. El volteaba a verla
e inmediatamente comenzaba a desinflarse y a

convertirse en humano otra vez. Ella venia hacia él y se besaban. Ella tenía el don de calmarlo.

El que se derrite

Este hombre tiene el síndrome del helado, se derrite… ¿has conocido a alguien que se derrite ante tus encantos, el que no puede resistir tu presencia, ese al que por más que este enojado tienes el poder de sacarle una sonrisa? Este hombre es un encanto, hay una química especial en ustedes que tiene el poder de alterar sus estados de ánimo, sus decisiones, su percepción ante las circunstancias y que tiene esa debilidad, ese lado flaco hacia ti o alguien muy querido, puede ser una hija, un hijo, sus padres. Es más es tanta su debilidad que cuando decide algo y sabe que puede ser influenciada su decisión por alguien, evita ver a la persona o hablar o demostrar lo que planea hacer, porque sabe que si no lo hace tal vez no logre hacer su cometido. Incluso puede ser que esté preparando una sorpresa para ti, pero si te das cuenta cuánto dinero y esfuerzo representa tal vez le dirías que no es necesario y los hay de almas generosas que saben que lo mereces.

LOS INOLVIDABLES

El primer Beso

Para muchas mujeres es importante el primer beso. Se dice que no se olvida, para los hombres creo yo es más la primera experiencia sexual. Volviendo al beso es una experiencia un poco rara, primero porque se tiene el miedo de no saber besar y no se sabe qué hacer con la lengua cuando se pega la otra boca a la tuya. Hay desde los besos agradables hasta los asquerosos. Y nos enfocaremos en los agradables, solo por hacerlo positivo.

Hay una vergüenza tremenda sobre todo si se tiene una edad pequeña, la otra es la adrenalina de poder ser vistos, encontrados y castigados por los mayores, lo que lo hace toda una aventura. Si se tiene la suerte de no ser interrumpidos llega a tener significado. Es el inicio de la unión en pareja, la sensación es de como entrar en otro universo y energía diferente al tuyo. Es como si dos círculos se unieran y la fusión elevara la energía, las famosas mariposas en el estómago y el latido acelerado del corazón hacen que se quiera permanecer ahí y volver a probar.

Y el primer beso también no es solo de la primera persona que te beso sino el de esa relación importante, esa persona determinante en tu vida, esa noche de baile y pasión donde la temperatura subió y había que terminar con un beso de despedida, a pesar de acabar de conocerse esa noche, la noche que hace íntimos todos los momentos y que es tan propicia para el amor.

El Valiente

Hay hombres destinados a misiones heroicas, ellos son capaces de saltar en paracaídas, volar aviones, salvar vidas. Se entrenan para servir y tienen el don de ser héroes. Desde los cargos más altos hasta los principiantes, muchos usan uniformes, otros no, son seres cotidianos que nos auxilian en necesidades de peligro. Como si fueran ángeles en la tierra.

Es como si poseyeran una fuerza física superior a la del humano cotidiano, y una bondad de corazón que puede hacer todo con cuidado y calma si es requerido. Tienen la habilidad de controlar sus sentimientos y permanecer enfocados por mucho tiempo hasta dar su vida si fuera necesario, por el bien de otros. Tienen una fe inquebrantable y una bondad absoluta.

La forma en que trabajan es digna de ser admirada, sus acciones inspiran a otros y son capaces de robarnos el corazón.

El Sacrificado

Hay hombres que vinieron a la tierra con el don del sacrificio, muchas veces son juzgados como tontos y aún así no dejan que les impida el seguir con la obra de sacrificio a la que deciden dedicar su vida. He visto casos donde el hombre sacrifica una relación no saludable con la pareja, por no separarse de los hijos. Me contaba un amigo, mi pareja y yo decidimos divorciarnos pero cuando les dijimos a nuestros hijos que nos íbamos a separar mis hijos empezaron a llorar con un llanto desgarrador que me partió el corazón. Gritaban de un modo que parecía que se les había muerto alguien.

En ese momento decidí que no me iba a divorciar por ellos. Ya ni siquiera tenemos intimidad. Yo solo hago lo mejor que puedo para pasar tiempo con ellos, los llevo a comer y a los lugares que les gustan a ellos. Me hace bien verlos felices, sé que vale la pena mi sacrificio.

Los abuelos de uno de mis hijos tenían una relación similar. El señor no podía vivir sin ella. Lo común en la mayoría de los hombres de allá era venir a estados unidos, al norte, como se dice allá, trabajar por un tiempo y regresar con dinero suficiente para hacer cambios de vida que beneficiasen a la familia. Él tenía amigos que lo invitaban a ir a probar suerte, en una ocasión le regalaron una chamarra que llevaron y andaba feliz con ella, nunca había tenido una así, allá no ganaba un dinero que le sobrara para comprarse algo así para él, tenían nueve hijos y la responsabilidad era grande y por la diferencia de gobierno su sueldo no le alcanzaba. Para empeorar la pobreza que pasaban el señor era alcohólico y malgastaba el dinero en eso también, dinero que les hubiese mejorado la vida.

Yo creo que debe ser muy doloroso vivir en la pobreza por muchos años por no animarse a separarse de la familia, pero él sencillamente no podía. En una ocasión si se arriesgó y cruzó la frontera, se le dificultó encontrar trabajo y no se acomodó al modo de vida. Sé que quería hablar con la señora todos los días, solo para decirle cuanto la extrañaba. Solo aguanto unos meses y se regresó.

Mi respeto y admiración para los hombres que son capaces del sacrificio en cualquier situación de la vida y que nos enseñan con su ejemplo.

La Sangre de Indio

En mi país de origen, México. Somos una mezcla de indio con español, por lo que se nos llama mestizos. De ahí vienen las mezclas en los rasgos en las personas de mi cultura. Muchos de nosotros estamos orgullosos de la sangre de indio que llevamos como herencia de nuestros antepasados.

Mis abuelos eran indios, era la pareja más amorosa que se puedan imaginar. Mi abuelo tenía un profundo respeto por mi abuela, él era alto, moreno, musculoso, de complexión fuerte, tenía unos labios muy sensuales y unos ojos compasivos. Mi abuela en cambio era bajita, de piel clara, labios finos y ojos alegres, tenía una cara coqueta, recuerdo. Al abuelo le encantaba besarla, la besaba apasionadamente al salir del trabajo. Ella empezaba a tocar sus brazos y los dos se ponían felices. Era hermoso verlos juntos, el murió antes que ella por lo que guardamos muy bien los recuerdos.

De ahí me viene el gusto por los indios, ese color de piel morena, esa fuerza, el atractivo masculino de ese hombre que sabe amar, complacer a su mujer, pelear por ella y dejar una huella imborrable en la familia y en la sociedad. Hay una canción popular que canta Banda Machos y con la que muchas personas nos identificamos, dice así: ♫ Ya no vivo entre tanta pobreza, vivo como mi Padre soñó. No ambiciono tampoco riqueza, la sangre de indio que traigo es mejor. ♫♪

Esos Ojos

Los ojos son las ventanas del alma, se dice muchas veces. Se nos recomienda mirar a los ojos a las personas como señal de atención y para saber si dicen la verdad. Pero hay ocasiones que llegan a ser inolvidables. Como esos de color, que no son ni cafés, ni negros que es lo más común.

Cuando un bebe nace los ojos es una de las curiosidades que más se aprecian, sobre todo si son verdes, azules, color miel, grises o una mezcla difícil de determinar, pareciera que cambian de color según la ropa que lleve puesta la persona. Es algo que no pasa desapercibido.

¿Y cómo se ven los ojos de alguien a la hora de hacer el amor, antes de llorar, cuando has ofendido, cuando has maltratado, los de bondad, de compasión, de apoyo, de compañerismo, los ojos pícaros, los de complicidad, los del coqueteo y cuando te toca cerrarlos a alguien que murió, que sentiste, a quien te recuerdan?

Sin duda los ojos son un rasgo imponente en la personalidad y hay hombres que no se nos olvidan por esos ojos que tenían. Por la forma que nos miraban se podía adivinar lo que querían, solo que a veces los hacíamos batallar para que insistieran hasta lograrlo.

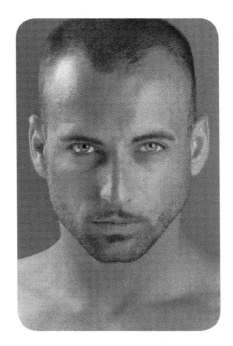

El amante amoroso

Ese hombre que ha tenido la delicadeza de amar de verdad a la hora de hacer el amor. Que pudo no ser agresivo con su pareja, que si en medio de su fuerza la lastimó, solo bastó una señal para dejar de hacerlo. La forma de acariciar fue suave, la forma de mirar fue como de contemplar un paisaje hermoso hacia ti. Te toco el cabello, te beso las mejillas, la frente. Te puso tanta atención que te hizo sentir especial. Fue a tu ritmo, sin apuros, ni prisas, ni quejas por descansar. Se tomó todo el tiempo necesario. Era como si no existiera nadie más en el mundo, era solo de los dos en ese mágico momento.

Las manos se entrelazaban suave y había una sensación de paz a pesar que la temperatura subía, era como si una sensación de bendición invadiera el espacio. De saber que podías disfrutar del amor de verdad con pasión. Un éxtasis natural sin necesidad de afrodisiacos, una sensación de dicha, de comodidad completa con tu cuerpo, con su cuerpo. Todo se acomodaba perfecto.

Cuando termino la acción y llego el descanso, tenías la sensación de agradecimiento puro con la vida, con Dios, con el amor, el universo, con todo. Sentiste que valía la pena vivir para amar y ser amad@.

Este hombre te había mostrado tanto amor que te inspiraba un profundo respeto. Y cada que lo recuerdas puedes quedarte ahí, unos instantes como contemplando un paisaje hermoso.

El que hace tu mundo brillar

Ese ser encantador, divino... el que te saca una sonrisa cuando lo piensas. Que por más que le pelees no puedes estar en contra, éste al que la conciencia te llama a perdonar, a considerar, por sobre todos sus pecados y sus fallas. Porque estar con él es mágico, es hermoso. Te puedes ver en sus ojos y ver amor, inmenso amor, una compasión dulce y ese aire de niño travieso y risueño, ese espíritu alegre que baila contigo, a tu ritmo, a tu paso. Y que no te deja dormir, ni quedarte estancada en ningún lugar.

Tiene el poder de arrancar tus tristezas con su presencia, su olor, su voz, su encanto. Como poder dejar de quererle, de apreciarle, de agradecer a Dios por la dicha de su existencia, porque tu vida no sería la misma sin él. Sin sus besos, sus caricias. Le pone color, vida y complemento a tu persona, te engrandece de tantos modos, te enseña y sufre cuando te caes. Pero sabes que puedes confiar en el para levantarte.

Ha sido tu fuerza, te ha dado la seguridad de confiar en ti, a pesar de tus fallas, tus errores, tus cambios de humor, de hormonas. Ha aguantado de todo contigo y sigue haciendo tu mundo brillar, aunque este físicamente ausente. Ha sido una bendición en tu vida y lo sabes. No puedes más que sentir apreciación, dicha y agradecimiento al Padre, la fuente, el Universo al Dios que te cuida y siempre te manda Ángeles en la tierra que te cuidan y te llevarán de vuelta seguro a casa…

En este momento que escribo se me desgarra el corazón por una pérdida amorosa, este libro me ha sacado tantas lágrimas que me han servido de terapia para sanar mis relaciones y mi vida. Como nos cuesta a veces olvidar a las personas importantes de nuestras vidas. Es por eso que las canciones de olvido a todos nos llegan al alma en muchas ocasiones.

AGRADECIMIENTO A TODAS LAS PERSONAS QUE ME INSPIRARON A HACER ESTA OBRA. DEDICADA A TODOS LOS HOMBRES QUE NOS HAN ROTO EL CORAZÓN...TENIENDO QUE PERDONARLOS PARA PODER SEGUIR VIVIENDO. SÉ QUE HAY UNA NECESIDAD DE AMARLOS Y ÉSTO FUE LO QUE ME INSPIRÓ A ESCRIBIR. CON EL MÁS PROFUNDO AMOR ESPERO QUE TE HAYA SERVIDO... BENDICIONES.

Gracias a mi Madre:
    Margarita López, eres la luz de mi vida. Te debo todo lo que soy. Cuando necesito sentir amor me basta con recordar tu cara, tu sonrisa, tu voz.
    Ese encanto de niña traviesa y amorosa a la vez. Dios te ha bendecido con una familia grande y te tiene con nosotros para mostrarte lo importante, apreciada, admirada y querida que eres. Tu comida es la más rica que he probado, no importa en qué restaurante coma... Ojalá pudiera parecerme más a ti.
    Te Amo inmensamente y te agradezco la vida, todas tus oraciones y bendiciones, que sin duda están siendo atendidas y escuchadas en el cielo. Gracias Mamá.

María Ortíz

Printed in the United States
By Bookmasters